W0461978

Il était une fois Militou, la petite tortue qui avait peur de tout !
6 - 8 ans

Écrit et illustré par Isabelle Le Tarnec

Il était une fois une petite tortue qui avait peur de tout…
Elle se prénommait Militou.
Lorsque la pluie tombait, la petite tortue avait peur des gouttes d'eau qui s'écrasaient lourdement sur sa tête.
Alors, elle se réfugiait dans sa carapace…

Lorsque l'orage grondait, elle avait peur de ce bruit qui lui cassait les oreilles.
Alors, elle préférait retrouver le silence de sa maisonnette…

Lorsque la nuit était noire, elle avait peur de ne plus rien voir.
Alors, elle s'arrêtait, rentrait sa tête dans son logis, fermait les yeux en attendant que le sommeil arrive…

Un jour, cette petite tortue qui avait peur de tout croisa la route d'un petit escargot qui n'avait peur de rien !

Oui ! Peur de rien !

Même pas de vous, chers lecteurs !

Militou fut tout d'abord surprise de voir un autre animal qui se déplaçait avec sa maison sur le dos !
Elle vit immédiatement que ce n'était pas une tortue ! Elle le trouva sympathique, mais très vite, « sa peur de tout » revint au galop.
Alors, elle se dépêcha de rentrer « chez elle »…

Elle attendit… attendit… attendit… puis s'endormit…

Le lendemain, elle fut réveillée par la faim. Une odeur très alléchante lui titillait les narines ! Elle osa sortir tout doucement sa tête et elle découvrit, juste à côté d'elle, le petit escargot qui la regardait. Elle vit même un joli sourire se dessiner sur sa bouche !
D'une douce voix, l'escargot lui parla :
« Bonjour, petite tortue ! Tu m'as l'air bien peureuse ! »
En entendant ces mots, la tortue eut si peur qu'elle se réfugia bien vite dans sa maisonnette…

Et elle attendit… attendit… attendit… puis s'endormit…

Lorsqu'elle se réveilla, la faim lui rappela qu'elle n'avait point mangé. Elle hésita longtemps… Puis elle se décida enfin à regarder dehors. L'escargot était toujours là, à la même place. Il s'empressa alors de lui dire :
« N'aie pas peur, petite tortue ! Je ne veux pas te faire de mal… Je veux juste devenir ton ami ! »
La petite tortue n'en croyait pas ses oreilles. La surprise fut alors plus grande que la peur. Elle sortit davantage sa tête et elle articula avec beaucoup de difficultés :
— Mais qui es-tu ? Pourquoi ?… Pourquoi veux-tu être mon ami ? »
Le petit escargot était très content que la petite tortue ne se cache plus.
Alors, il se dépêcha de lui répondre :
— Eh bien moi, je suis un escargot qui n'a peur de rien !
Alors, toi qui sembles avoir peur de tout, je pourrais peut-être t'aider à ne plus avoir peur !

— Mais… mais pourquoi veux-tu m'aider, escargot ?
— Bah ! Parce que je veux être ton ami, petite tortue !
— Mais moi, je n'ai pas d'amis ! J'ai peur de tout… »
En prononçant ces mots, de grosses larmes coulèrent sur les joues rugueuses de la tortue.
Tout ému, le petit escargot lui dit :
« Eh bien, petite tortue, tu peux changer ! Moi, j'en suis sûr ! Il faut juste que toi, tu aies envie de changer et c'est tout !
— Mais… je ne vais jamais y arriver…
— Bien sûr que si ! Moi, je sais que tu vas y arriver ! Dis-moi, petite tortue, ça ne doit pas être très agréable d'avoir peur de tout ?
— Oh non ! C'est très fatigant… Disons que je n'avance pas beaucoup… Je suis toujours en train de me cacher…

— Je comprends bien, petite tortue ! Tu sais, moi aussi je n'avance pas bien vite, mais dans la vie, ce qui compte, c'est d'avancer malgré tout et de savoir où l'on veut aller !
— Je suis d'accord avec toi, petit escargot, mais moi, j'aimerais bien aller plus vite ! J'ai toujours un obstacle qui m'empêche d'avancer !
Je reçois sur la tête de drôles de trucs qui m'inquiètent…
J'entends aussi des bruits qui m'effraient et je vois plein de bidules étranges…
Oui ! Il y a toujours quelque chose sur ma route qui m'embête…
C'est trop fatigant d'avoir la peur au ventre tout le temps…

— Petite tortue, je te comprends… Ta vie n'est pas toujours facile, mais cela peut changer, crois-moi !
— C'est vrai, petit escargot ?
— Bien sûr ! Alors es-tu prête à me suivre ? Si tu veux bien devenir mon amie, nous pourrons nous déplacer ensemble ! Je serai là pour te rassurer, pour te réconforter afin que tu n'aies plus peur…
— Tu ferais ça pour moi, petit escargot ?
— Bah oui, petite tortue ! Puisque j'ai envie d'être ton ami !
— Mais qu'est-ce que je vais bien pouvoir te donner en échange, moi ? Je ne peux pas te rassurer ni même te réconforter, puisque j'ai peur de tout…
— Petite tortue, ce que tu vas me donner, c'est ton amitié ! Et c'est déjà beaucoup !
— Tu crois que ça va te suffire ?
— Bien évidemment, petite tortue !

C'est drôlement chouette d'avoir un ami à qui parler ! On est tous les deux différents, c'est sûr ! Mais c'est justement cette différence qui va rendre encore plus belle notre amitié, tu ne crois pas ?
— Oui, petit escargot… Tu as certainement raison…
— Et puis, tu sais, petite tortue, je suis persuadé que tu as plein de choses à m'apprendre et à me dire de très intéressant !
— Moi ?
— Oui, toi, petite tortue ! Ma maman m'a toujours dit qu'en chacun de nous, il y a un magnifique trésor… On a tous de belles richesses à montrer…
— Moi… ma maman est morte quand j'étais toute petite…
— Oh… mais, ta maman doit beaucoup te manquer, petite tortue…
— Oui… beaucoup… j'y pense tout le temps…

— Et ton papa, petite tortue ? Il est où ?
— Je ne sais pas… Je ne me souviens pas de lui… Maman m'a dit qu'il était parti quand je suis né…
— Ah ! Mais c'est donc pour ça que tu as peur de tout, petite tortue ?
— Ah bon ? Et pourquoi ?
— Bah ! Nos parents nous aident à bien grandir et à comprendre ce qui nous entoure. Et toi, ta maman n'a pas eu le temps de tout t'expliquer…
— Tu crois ?
— C'est certain, petite tortue ! Nos parents sont là pour nous donner de l'amour, pour nous rassurer lorsque nous avons peur. Et toi, qui t'as rassurée ?
— Euh… personne… » répondit tristement la petite tortue.

L'escargot s'approcha de sa nouvelle amie et lui parla avec douceur :
« Ne t'inquiète pas, petite tortue… Moi, je suis là près de toi maintenant… Mon papa et ma maman m'ont toujours dit que le plus important dans la vie, c'est d'aimer et d'aider les autres.
Moi, j'ai très envie de t'aider à ne plus avoir peur de tout ! Alors, laisse-moi t'aider à mieux comprendre ce qui t'entoure !
Devenons des amis et comme ça, nous pourrons nous aimer !
— Mais petit escargot, tu crois que bientôt je n'aurais plus peur ?
— Petite tortue, tu garderas encore quelques peurs dans ton cœur et c'est normal. Puis, plus tu vas grandir dans ta tête et plus tu vas réussir à les combattre ces peurs. Il faut juste que tu comprennes leurs origines pour ensuite mieux les affronter…

— Tu veux dire qu'après, ça ne me fera plus rien de recevoir des trucs sur la tête !
— Bien sûr ! Il faudra juste que je t'explique ce que c'est la pluie !
— La quoi ?
— La pluie, petite tortue ! Moi, j'adore recevoir de grosses gouttes d'eau sur ma tête et j'en profite toujours pour me promener !
— Ah bon ?
— Tu vas voir ! En comprenant certaines de tes peurs, tu vas peu à peu les apprivoiser ! Et après on se fera de belles ballades sous la pluie !
— Bah, dis donc ! Moi, ça me donne envie de me promener avec toi !
— Alors ? Tu es prête à devenir mon amie, petite tortue ?
— Oh oui ! Je veux bien être ton amie !

— Allez ! En route, mon ami l'escargot !
Et parle-moi de la pluie, s'il te plaît !
J'ai tellement envie de comprendre…

8396836R00020

Printed in Germany
by Amazon Distribution
GmbH, Leipzig